小学篮球和排球
专项技能教学
评价改革

尹玉华 吴 谦 杜江舟 主编

电子科技大学出版社
University of Electronic Science and Technology of China Press
·成都·

图书在版编目（CIP）数据

小学篮球和排球专项技能教学评价改革 / 尹玉华，吴谦，杜江舟主编 . — 成都 : 电子科技大学出版社，2024.4

ISBN 978-7-5770-0574-4

Ⅰ . ①小… Ⅱ . ①尹… ②吴… ③杜… Ⅲ . ①篮球运动—教学研究—小学②排球运动—教学研究—小学 Ⅳ . ① G623.82

中国国家版本馆 CIP 数据核字 (2023) 第 179022 号

小学篮球和排球专项技能教学评价改革
XIAOXUE LANQIU HE PAIQIU ZHUANXIANG JINENG JIAOXUE PINGJIA GAIGE
尹玉华　　吴　谦　　杜江舟　　主编

策划编辑　　谢晓辉
责任编辑　　李雨纾
责任校对　　谢晓辉
责任印制　　段晓静

出版发行　　电子科技大学出版社
　　　　　　成都市一环路东一段 159 号电子信息产业大厦九楼　　邮编　610051
主　　页　　www.uestcp.com.cn
服务电话　　028-83203399
邮购电话　　028-83201495

印　　刷　　成都市火炬印务有限公司
成品尺寸　　145mm×210mm
印　　张　　4.75
字　　数　　119 千字
版　　次　　2024 年 4 月第 1 版
印　　次　　2024 年 4 月第 1 次印刷
书　　号　　ISBN 978-7-5770-0574-4
定　　价　　68.00 元

特别感谢

唐　皓　赖蕾蕾　兰　天　陈燕梅　苏　攀

朱建行　钟小韵　雷国辉　段亚鹏　杨　孟

冯静兴　杨　博　陈江浩　关　翔　邓雁支

程海波　王　军　张　唬　邓德森　冯　庆

霍艳萍　高　姗　马燕萍　张　莉　李　超

汪　凌　李雯雪

序

春末夏初，正是成果孕育的季节。我的老朋友、成都市特级教师、成都市体育学科带头人尹玉华先生及其教师团队历时两年半，潜心研究"小学篮球和排球专项技能教学评价改革"的系列成果编写成书。看着书稿，渐渐地由审读变为品读，折服于年轻一代体育学者弄潮逐浪、立规成矩，作为他们的老朋友，我甚感欣慰。

帮助人们掌握体育动作的方法是谓运动技术，运动技术水平的高低是谓运动技能。运动技术主要通过学习与思考而获得，运动技能主要通过科学合理的身体练习而提升。

《义务教育体育与健康课程标准（2022年版）》（简称《标准》）对小学阶段学生应该学习哪些运动技术、发展哪些运动技能都有明确规定。研究证明，学生掌握的运动技术越多、运动技能水平越高，越有利于学生身心的和谐发展。但用什么标准来衡量小学生的运动技能水平，如小学一年级学生篮球原地运球习练到什么程度是优、什么程度是良、什么程度是合格或不合格等，《标准》没有明确的规定，这就导致了小学体育教学实践中学生各项运动技能水平标准的茫然性，一定程度上造成小学体育教学实践的随意性，严重弱化了小学体育教育教学的育人价值。

编者团队本着责任担当和学术敏锐性，通过对小学篮球和排球专项技能教学评价改革的研究，形成了成华区小学篮球、排球项目各水平段的运动技能评定标准即水平等级和相应的测试方法，为区域内小学体育教学和学生运动技能发展给予了区域性方案。

本书理念先进，"标准"来源于小学各水平段学生的认知水平和身体实际运动能力，内容设置科学合理，评价方法全面，简便易行。有利于规范小学生的运动技术教学、发展运动技能，从而提高小学体育教育教学质量，达成体育教育教学的育人目标。

我读后思绪万千，期望满满。短短文字难以尽述运动技术学习、运动技能发展、运动技能评定标准、测试方法等，浅言如此，谨慎为序。

邱永诚

2023 年 11 月

邱永诚，四川省特级教师，中国教育学会体育研究会理事，四川省教科所原体育教研员。

前　言

　　党的二十大的召开为新时代学校体育工作的开展指明了方向。我们应坚持"立德树人"的根本任务和"健康第一"的指导思想，大力实施新时代学生体质健康促进活动。通过系统构建一体化课程体系，打造优品体育课堂，推行"学、练、赛、评"的教学方式，开展阳光体育运动和全员竞赛活动，制定评价标准、完善评价机制，努力实现"享受乐趣、增强体质、健全人格、锤炼意志"的育人目标。

　　《义务教育体育与健康课程标准（2022年版）》（简称《标准》）明确指出，通过体育与健康课程的学习，学生能享受运动乐趣，掌握各种体能的学练方法；在学练多种运动项目技战术和参与展示或比赛的基础上掌握 1～2 项运动技能。但《义务教育体育与健康课程标准（2022年版）》（以下简称《标准》）中没有明确规定运动项目的技能评定标准。

成华区坚持以《标准》为基础，以发展学生的运动能力、健康行为和体育品德三大核心素养为目标，结合区域学校实际情况，依据学生的身心发展规律和运动形成规律，注重"学、练、赛、评"一体化教学，推行学校体育"健康知识＋基本运动技能＋专项运动技能"的教学模式，落实"教会""勤练""常赛"的要求，突出结构化学习，注重学校体育教育评价的激励、反馈和发展等多重功能，引导学生在真实情境中发现、分析、解决实际问题，掌握完整的运动知识与技能，提高实战比赛能力，为评价核心素养培育达到的程度提供重要依据，特编写《小学篮球和排球专项技能教学评价改革》一书。

本书是落实国家对青少年掌握 1～2 项运动技能政策要求的积极回应，是强化《标准》实践价值有效发挥的必要"组件"，是发挥学科教学的育人功能、全面深化课程改革、落实立德树人根本任务的重要实施路径。本书在架构设计上力求综合性、全面性，梳理了篮球、排球运动的总目标、各水平段的体能要求、单个技能以及组合技能，围绕技能目标阐述了相适应的评定标准及测试方法、评价实施建议、发展阶段性核心素养的学业要求和体育教学实施建议等。

本书坚持从一次性、单向性的评价转变成持续性、综合性的评价的原则，从基础知识评价转向基础知识与核心素养并举的评价方式，积极探索在评价中做到"可量化、可监督、可比较"的实施路径。本书旨在通过技能标准评价导向，全面推进学校体育课程改革，促进学校体育教学质量的监测与调控，让成华区区域内的学校、学生和体育教师能用、管用、好用，能真正引领、推动教学实践的深度变革，提高成华区体育与健康课程的教学质量，是新上岗的体育教师的重要指引，也是青年教师快速成长的好帮手。

在此还要感谢以下优秀的体育老师对本书的贡献：曾琴、何洋、万中明、刘永好、杨尚霖、向艳丽、李丽、罗健、沈茂梅、李科、石杜娟、张海山、曾研、冯飞、李程建、刘健康、杨浚波、徐晶、徐岱巍、邓学敏、杨艳、吴敏、王威力、罗巧凤、廖红玉等。鉴于知识水平的局限性，书中难免有一些疏漏或不足，恳请各位专家、同仁不吝赐教。

尹玉华

2023 年 11 月

说　　明

1.《小学篮球和排球专项技能教学评价改革》是成华区小学体育老师评定学生篮球、排球运动技能掌握情况的重要参考，也是评估及衡量区域内各校体育教育发展水平的关键参照，是引导学生提升篮球、排球运动技能的重要引导手段，对区域内小学阶段的学生具有广泛的适用性。

2.以《义务教育体育与健康课程标准（2022年版）》（以下简称《标准》）为基本依据，本书提出了小学校园篮球、排球的教学目标、评价建议、学业要求、教学建议，设计了各年级测试内容安排的样例，且每个水平段测试内容不同，都具有相对独立的评分标准。

3. 本书为获得成绩标准对照数据的科学性、合理性，编委对我区 20 余所不同技能水平、不同特色的学校，进行采样测试、数据采集和分析，最终在 5000 余份数据的基础上得到此量化数据。

4. 每个年级的各单项指标满分为 100 分，综合得分为各单项指标得分之和的平均值，达到标准的得分为 60 分。

5. 本书根据学生的运动规律，将篮球、排球运动技能根据不同水平段划分为不同的评价体系，从测试项目、测试场地及器材、测试要求、测试方法、测试细则五个方面制定测试内容，检测不同学段学生的篮球、排球技能掌握水平。

6. 学生可根据本书的要求，定期对所掌握的篮球、排球运动技能进行自评，以便了解和掌握自身学习篮球、排球的情况。各级篮球、排球特色学校可结合有关活动，组织学生进行测试，对达到标准的学生给予认定。

7.各校在贯彻实施本书所定标准时，应结合实际情况，因地制宜地稳步推进，将"达标升级"的目标转化为激发学生自觉学、练篮球与排球的内在动力，促使其成为一项日常的自觉行动。

8.本书涉及的测试、评价标准由成都市成华区教育科学研究院负责解释与说明。

本书旨在为篮球、排球传统项目学校，篮球、排球特色学校及其他小学开展校园篮球、排球活动提供指导，同时为广大体育教师设计篮球、排球教学，组织教学活动提供有效帮助和参考。

图例

○　　学生

⊗　　裁判员

▲　　标志桶

———→　　无球移动路线

∿∿∿→　　运球路线

------→　　传球路线

∿∿∿⊣▶　　行进间投篮

⌒↘　　抛球、垫球

目　　录

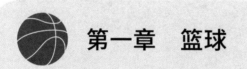

第一章　篮球

成华区小学篮球教学目标见表1-1所列。

表1-1 成华区小学篮球教学目标

课标总目标	水平一	水平二	水平三
掌握与运用体能和运动技能，提高运动能力	了解投、传的正确方法和基础知识。在游戏中体验方向、水平、路径等的变化。学习篮球场地、器材等的基本知识，掌握基本的篮球运动方法与篮球游戏	学生能掌握篮球运球、传球、投篮等基本技术动作；且在篮球游戏或比赛中会学习与体验控球动作，知道篮球运动的基础知识	学生能掌握篮球简单运传、传接、运投等组合技术动作以及切切、突分、挡拆等战术配合；了解篮球运动的相关知识、文化和常见的篮球运动损伤处理方法
学会运用健康与安全的知识和技能，形成健康的生活方式	了解篮球运动的保健知识和方法，创设生动形象的情境进行游戏化教学，建立小组互助交流的氛围，培养学生友爱互助且知道相关的篮球术语，形成安全锻炼意识	学会观看、欣赏篮球比赛，且积极主动参与形式多样的篮球比赛并改进技术，享受篮球运动给予的愉悦和成就感	知悉篮球比赛基本规则及裁判工作；学会在篮球运动中设法得分和组织；基于学练情境中发现的问题与教师、同伴交流，强化技战术能力，意识到科学、安全的篮球运动的重要性，养成终身体育锻炼的习惯

（续表）

课标总目标	水平一	水平二	水平三
积极参与体育活动，养成良好的体育品德	在和谐快乐的氛围中，激发学生的学练热情，不断提升基本运动技能水平，同时在情境和游戏中引导学生与同伴友爱互助，遵守纪律，表现出克服困难、坚持到底的意志品质	通过篮球运动让学生学会在篮球活动中遵守规则、尊重他人，鼓励学生具有展示自我的愿望和行为，能够与同伴合作完成篮球运动各项活动与比赛	以篮球为主题设置各级各类比赛，使学生感受顽强拼搏、勇于挑战的进取精神，并引导学生在篮球运动规则下正确对待比赛的输赢，形成具有自我规范、公平竞争的体育品德

数据来源：成华区小学体育与健康课程设计方案。

水 平 一

 测试项目 1：半场往返直线运球

1. 测试场地及器材

标准篮球场地、5 号篮球、秒表、标志桶。

2. 测试要求

测试起点为球场底线，直线运球踩中线后折返，运球
冲过底线后测试结束。测试距离为 14 米。测试过程中受

测学生若出现运球违例，在本次测试成绩中增加1秒计时，并随违例次数累计时间；出发时抢跑、未按图示要求完成全程路线、测试过程中人或球离开测试区域，出现以上情况均不计受测学生当次成绩。

3. 测试方法

受测学生在篮球场底线持球准备，听到裁判员出发口令后快速运球至中线，单脚踩线后运球折返回底线，受测学生要尽最大努力快速完成，全速通过底线后测试结束；裁判员发令并开表计时，受测学生冲过底线后，裁判员停表。相关要求如图1-1所示。

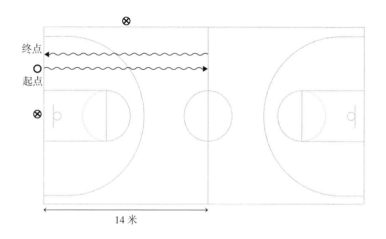

图 1-1 半场往返直线运球测试

4. 测试细则

（1）以个人为单位进行测试，每人测2次，取最好成绩；

（2）以秒为单位记录测试成绩，精确到小数点后1位
（0.1秒）；

（3）采用人工测试。两名裁判员，一名裁判员计时，
记录成绩；另外一名裁判员发令，检查是否违例、违规。

测试项目 2：原地双手胸前传接球

1. 测试场地及器材

标准篮球场地、5 号篮球、标志桶、秒表。

2. 测试要求

两名受测学生站在规定传接球区域进行 1 分钟连续原地双手胸前传接球，传接球区域间隔距离为 3 米；1 分钟时最后一传若球已经出手，当次传球有效，计次数；传接球时受测学生身体任何部位触及传球区域边线、传球过程中篮球落地，出现以上情况传球无效，不计次数。

3. 测试方法

一名受测学生站在传接球区域内，双手胸前持球做好准备，另一名受测学生在间隔3米的传接球区域做好准备。裁判员发出开始口令，一名受测学生用双手胸前传球方式传球给另一名受测学生，另一名受测学生接球后用双手胸前传球方式传回，依次循环直至1分钟计时结束，计1分钟内的传接球成功次数。裁判员发令并开表计时，1分钟后裁判员停表，结束测试。相关要求如图1-2所示。

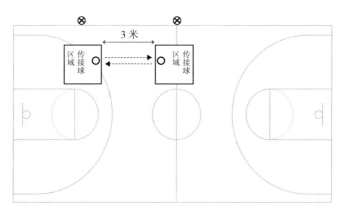

图1-2　原地双手胸前传接球测试

4. 测试细则

（1）以个人为单位进行测试，每人测 2 次，取最好成绩；

（2）1 分钟时间内以次数为单位记录测试成绩；

（3）采用人工测试。两名裁判员，一名裁判员计时，记录成绩；另外一名裁判员发令，检查是否违例、违规。

测试项目 3：30 秒自选区域投篮

1. 测试场地及器材

标准篮球场地、5 号篮球、秒表。

2. 测试要求

测试在小篮球场(12 米 × 15 米)进行,篮球框高度为 2.5 米。受测学生在投篮区域进行 30 秒连续投篮,若出现走步违例、人或球离开测试区域,不计受测学生当次成绩。

3. 测试方法

受测学生持球面向篮框站立,听到裁判口令开始投篮,投篮出手后自己抢篮板继续投篮, 投篮手和投篮点不受限制,但不能走步违例。裁判员发令并开表计时,30 秒时间到裁判员停表。相关要求如图 1-3 所示。

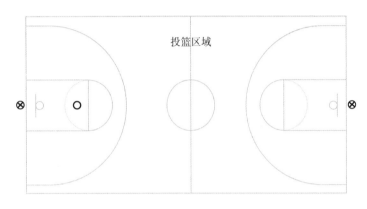

图 1-3　30 秒自选区域投篮测试

4. 测试细则

（1）以个人为单位进行测试，每人测 2 次，取最好成绩；

（2）以次数记录测试成绩，精确到个位数；

（3）采用人工测试。两名裁判员，一名裁判员计时，记录成绩；另外一名裁判员发令，检查是否违例、违规。

测试项目 4：综合运球上篮

1. 测试场地及器材

标准篮球场地、5 号篮球、秒表、标志桶。

2. 测试要求

测试在小篮球场（12 米 × 15 米）进行，篮球框高度为 2.5 米。一共 4 个标志桶：第一个距离起点 4 米，第二个距离第一个 2 米，第三个距离第二个 3 米，第四个距离第三个 2 米，同时距离篮框 4 米。受测学生直线绕过标志桶上篮，进球后折返绕过标志桶再次上篮。测试过程中受测学生若出现运球违例，没有做变向动作，在本次测试成绩中增加 1 秒计时，并随违例次数累计时间。

3. 测试方法

受测学生持球站于篮球场端线的一侧，裁判员发令后学生用右手快速运球推进，在第一个标志桶前做体前变向运球换成左手，运球至第二个标志桶前做体前变向运球换成右手，运球至第三个标志桶前做体前变向运球换成左手，运球至第四个标志桶前做体前变向运球换成右手，然后做行进间投篮，不中补中，抢到篮板球后运球至第一个标志桶做同样变向运球返回，最后做行进间投篮，中篮后结束（上篮均采用高手上篮，学生自行选择上篮惯用手）；裁判员发令并开表计时，受测学生折返投篮中篮后，裁判员停表。相关要求如图1-4所示。

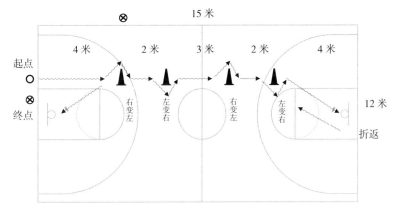

图 1-4　综合运球上篮测试

4. 测试细则

（1）以个人为单位进行测试，每人测 2 次，取最好成绩；

（2）以秒为单位记录测试成绩，精确到小数点后 1 位（0.1 秒）；

（3）采用人工测试。两名裁判员，一名裁判员计时，记录成绩；另外一名裁判员发令，检查是否违例、违规。

测试项目 5：5.8 米 ×6 折返跑

1. 测试场地及器材

标准篮球场地、秒表。

2. 测试要求

测试起点为球场底线，踩罚球线后折返，折返 3 个来回共 6 次，冲过底线后测试结束。测试距离为 5.8 米。测试过程中受测学生急停时必须有一只脚踩到线才能折返，否则判作违例。如出现违例，在总时间中加入 0.4 秒，并随违例次数累计时间；出发时抢跑、未按图示要求完成全程路线、测试过程中人或球离开测试区域，出现以上情况均不计受测学生当次成绩。

3. 测试方法

受测学生站在底线外，听到裁判员出发口令后快速跑至罚球线，做急停并转身算一次，在罚球线与底线之间折返 3 个来回共 6 次。裁判员发令并开表计时，受测学生最后冲刺时脚踩底线，裁判员停表。相关要求如图 1-5 所示。

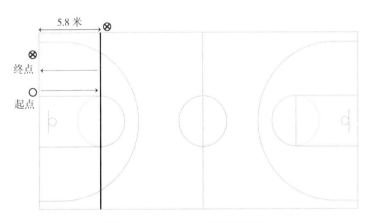

图 1-5　5.8 米 ×6 折返跑测试

4. 测试细则

（1）以个人为单位进行测试，每人测 2 次，取最好成绩；

（2）以秒为单位记录测试成绩，精确到小数点后 1 位（0.1 秒）；

（3）采用人工测试。两名裁判员，一名裁判员计时，记录成绩；另外一名裁判员发令，检查是否违例、违规。

篮球水平一的基本技术测试项目标准对照见表 1–2 所列。

表 1-2　篮球水平一　基本技术测试项目标准对照表

分值	半场往返直线运球（秒）		原地双手胸前传接球（次）		30 秒自选区域投篮（个）		综合运球上篮（秒）		5.8 米 ×6 折返跑（秒）	
	男	女	男	女	男	女	男	女	男	女
100	12	12.5	20	18	8	7	17	19	12	12.2
95	13	13	18	16			19	21	12.4	12.6
90	14	13.5	16	14	6	5	21	23	12.8	13
85	15	14	14	12			23	25	13.2	13.4
80	16	14.5	12	10	4	3	25	27	13.6	13.8
75	17	15	10	8			27	29	14	14.2
70	18	15.5	8	6	2	1	29	31	14.4	14.6
65	19	16	6	4			31	33	14.8	15
60	20	16.5	4	2	1	0	33	35	15.2	15.4

数据来源：成华区小学采样数据均值。

测试项目 6：4 vs 4 篮球比赛

1. 测试场地及器材

标准篮球场地、5 号篮球、秒表、口哨。

2. 测试要求

受测学生在标准篮球场进行 4 vs 4 篮球赛。

3. 测试方法

每队受测学生 4 人，按受测学生实力特点合理分配，男女混合参赛。比赛分两节，每节 5 分钟，中场休息 2 分钟。比赛结束两队积分相同时，则进行罚篮决胜。相关要求如图 1-6 所示。

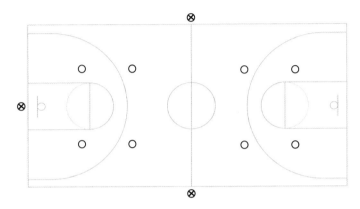

图 1-6　4 vs 4 篮球比赛

4. 测评细则

（1）以团队为单位进行比赛，以个人为单位进行测评；

（2）采用人工测评。三名裁判员，一名裁判员进行执裁，另外两名裁判员分别对两队队员进行定性测评。

5. 评价标准

4 vs 4 篮球比赛评价标准见表 1-3 所列。

表 1-3　4 vs 4 篮球比赛评价标准

等级	分值	标准
优秀	90～100	学生在篮球比赛前，着适合篮球运动的服装，在教师的组织下认真进行准备活动和放松运动。在比赛过程中，尊重裁判，尊重队友，尊重对手；不能出现指责抱怨及侮辱伤害性语言；具备顽强拼搏的精神和团队协作的能力，在技战术层面能熟练运用左右手换手运球，准确地完成双手胸前传接球及双手胸前投篮
良好	80～89	学生在篮球比赛前，着适合运动的服装，在教师的组织下进行准备活动和放松运动。在比赛过程中，尊重裁判，尊重队友；不能出现侮辱伤害性语言；基本具备顽强拼搏的精神和团队协作的能力，在技战术层面基本能运用左右手换手运球，基本完成双手胸前传接球及双手胸前投篮
合格	60～79	学生在教师的组织下进行准备活动和放松运动。在比赛过程中，尊重裁判，尊重队友；不能出现攻击性行为；具备团队协作的能力，在技战术层面基本能运用单手运球，完成传接球及投篮
继续努力	60 以下	不能完成比赛

测试项目 1：综合运球

1. 测试场地及器材

标准篮球场地、5 号篮球、秒表、标志桶。

2. 测试要求

测试起点为球场底线，标志桶距起点 5.6 米，且标志桶间隔 5.6 米。共设 4 个标志桶，按照要求进行体前变向运球折返测试。测试过程中，受测学生若出现运球违例，或不按要求运球，在本次测试成绩中增加 1 秒计时，并随违例次数累计时间。受测学生出发时抢跑、未按图示要求完成全程路线、测试过程中人或球离开测试区域，出现以上情况均不计受测学生当次成绩。

3. 测试方法

受测学生在篮球场底线持球准备，裁判员发令后学生用右手快速运球推进，在第一个标志桶前做体前变向运球换成左手，运球至第二个标志桶前做体前变向运球换成右手，运球至第三个标志桶前做体前变向运球换成左手，运球至第四个标志桶前做体前变向运球换成右手运球至底线，单脚踩线后，用同样的运球方式返回，球与受测学生均过终点，测试结束，裁判员停表。相关要求如图 1-7 所示。

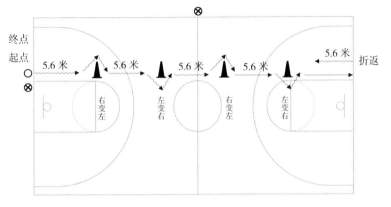

图 1-7 综合运球测试

4. 测试细则

（1）以个人为单位进行测试，每人测 2 次，取最好成绩；

（2）以秒为单位记录测试成绩，精确到小数点后 1 位（0.1 秒）；

（3）采用人工测试。两名裁判员，一名裁判员计时，记录成绩；另外一名裁判员发令，检查是否违例、违规。

测试项目 2：半场运球绕 8 字传球

1. 测试场地及器材

标准篮球场地、5 号篮球、秒表。

2. 测试要求

测试起点为球场底线，受测学生按要求进行运球，折返后传球结束测试。测试过程中，受测学生若出现运球违例，在本次测试成绩中增加 1 秒计时，并随违例次数累计时间。受测学生出发时抢跑、未按图示要求完成全程路线、测试过程中人或球离开测试区域、未换手运球，出现以上情况均不计受测学生当次成绩。

3. 测试方法

受测学生持球站于篮球场三分线与底线的交叉点，裁判员发令后，受测学生沿三分线快速运球至三分线弧顶时体前变向换手运球至中圈，沿中圈线继续快速运球返回至三分线弧顶时换手运球至标志桶前，急停后传球至发令裁判，结束测试，裁判员停表。相关要求如图 1-8 所示。

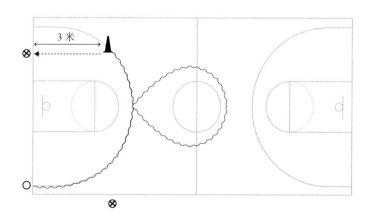

图 1-8 半场运球绕 8 字传球测试

4. 测试细则

（1）以个人为单位进行测试，每人测 2 次，取最好成绩；

（2）以秒为单位记录测试成绩，精确到小数点后 1 位（0.1 秒）；

（3）采用人工测试。两名裁判员，一名裁判员计时，记录成绩；另外一名裁判员发令，检查是否违例、违规。

测试项目 3：30 秒自选区域投篮

1. 测试场地及器材

标准篮球场地、5 号篮球、秒表。

2. 测试要求

计时 30 秒，自选区域投篮，篮框高度为 2.7 米。未听到口令就开始投篮、走步，均不计受测学生当次成绩。

3. 测试方法

受测学生面向篮框站立，听到裁判员口令后开始投篮，投篮出手后自己抢篮板继续投篮，投篮惯用手和投篮点不受限制，但不能走步违例。每人测 2 次，取最好成绩。相关要求如图 1-9 所示。

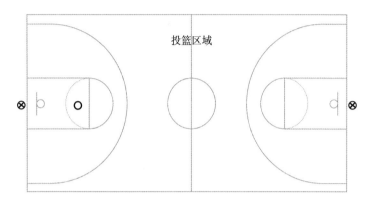

图 1-9 30 秒自选区域投篮测试

4. 测试细则

（1）以个人为单位进行测试，每人测 2 次，取最好成绩；

（2）以秒为单位记录测试成绩，精确到小数点后 1 位（0.1 秒）；

（3）采用人工测试。两名裁判员，一名裁判员计时，记录成绩；另外一名裁判员发令，检查是否违例、违规。

测试项目 4：综合运球接上篮

1. 测试场地及器材

标准篮球场地、5 号篮球、秒表。

2. 测试要求

测试在标准篮球场进行。单边设置 2 个标志桶，第一个标志桶距离起点 9 米，第二个标志桶距离第一个标志桶 9 米；抢跑、未按照图示要求完成测试、测试过程中人或球离开测试区、未使用体前变向运球，出现以上情况均不计成绩。

3. 测试方法

受测学生持球站于篮球场底线外侧，裁判员发令后受测学生用右手快速运球推进，在第一个标志桶前做体前变向运球换成左手，运球至第二个标志桶前做体前变向运球换成右手，运球至第三个标志桶前做体前变向运球换成左手，运球至第四个标志桶前做体前变向运球换成右手然后做行进间投篮，不中补中，抢到篮板球后运球至第一个标志桶做同样变向运球返回，最后做行进间投篮，中篮后结束（上篮均采用高手上篮，学生自行选择上篮惯用手）；裁判员发令并开表计时，受测学生折返投篮中篮后球落地，裁判员停表。相关要求如图 1-10 所示。

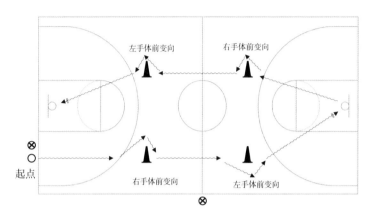

图 1-10　综合运球接上篮测试

4. 测试细则

（1）以个人为单位进行测试，每人测 2 次，取最好成绩；

（2）以秒为单位记录测试成绩，精确到小数点后 1 位（0.1 秒）；

（3）采用人工测试。两名裁判员，一名裁判员计时，记录成绩；另外一名裁判员发令，检查是否违例、违规。

测试项目 5：4 线折返跑

1. 测试场地及器材

标准篮球场地、秒表。

2. 测试要求

测试在标准篮球场上进行，采用裁判员手动打表计时的方法。抢跑、未按指定路线完成测试、到指定点位未踩线，出现以上情况均不计成绩。

3. 测试方法

受测学生站于篮球场底线外侧，裁判员发令同时开表计时，受测学生跑向近侧罚球线，踩线后折返底线，踩底线后折返中线，踩线后再折返底线，踩底线后跑向远侧罚球线，踩线后折返底线，踩底线后跑至对面端线，踩线后折回起点结束。每人测 2 次，取最好成绩。相关要求如图1-11 所示。

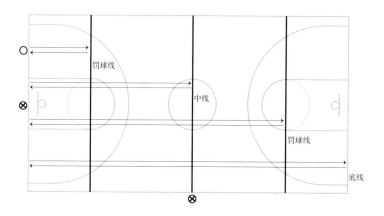

图 1-11　4 线折返跑测试

4. 测试细则

（1）以个人为单位进行测试，每人测 2 次，取最好成绩；

（2）以秒为单位记录测试成绩，精确到小数点后 1 位（0.1 秒）；

（3）采用人工测试。两名裁判员，一名裁判员计时，记录成绩；另外一名裁判员发令，检查是否违例、违规。

篮球水平二的基本技术测试项目标准对照见表 1-4 所列。

表 1-4 篮球水平二 基本技术测试项目标准对照表

分值	综合运球（秒）		半场运球绕8字传球（秒）		30秒投篮（个）		综合运球接上篮（秒）		4线往返跑（秒）	
	男	女	男	女	男	女	男	女	男	女
100	20	22	20	22	4	4	30	32	34	35
95	22	24	22	24			34	36	35	36
90	24	26	24	26	3	3	38	40	36	37
85	26	28	26	28			42	44	37	38
80	28	30	28	30	2	2	46	48	38	39
75	30	32	30	32			50	52	39	40
70	32	34	32	34	1	1	54	56	40	41
65	34	36	34	36			58	60	41	42
60	36	38	36	38	0	0	62	64	42	43

数据来源：成华区小学采样数据均值。

测试项目 6：5 vs 5 篮球比赛

1. 测试场地及器材

标准篮球场地、5 号篮球、秒表、口哨、分队背心。

2. 测试要求

受测学生在标准篮球场进行 5 vs 5 篮球赛。

3. 测评方法

每队受测学生 5 人，按受测学生实力特点合理分配，男女混合参赛。比赛分两节，每节 5 分钟，中场休息 2 分钟。比赛结束两队积分相同时，则举行罚篮决胜。相关要求如图 1-12 所示。

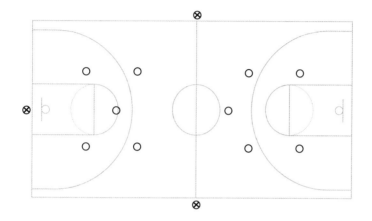

图 1-12　5 vs 5 篮球比赛

4. 测评细则

（1）以团队为单位进行比赛，以个人为单位进行测评；

（2）采用人工测评。三名裁判员，一名裁判员进行执裁，另外两名裁判员分别对两队队员进行定性测评。

5. 评价标准

5 vs 5 篮球比赛评价标准见表 1-5 所列。

表 1-5　5 vs 5 篮球比赛评价标准

等级	分值	标准
优秀	90 ～ 100	学生在篮球比赛前，穿适合运动的服装，在队友的带领下认真地完成准备活动与放松活动；学生积极拼抢，努力争胜，顽强拼搏，提高规则意识，正确面对输赢，不故意犯规，且能自我保护也能保护他人；在比赛中能够展现出熟练的直线运球技术，遇到防守球员能够运用体前变向技术动作，且能达到突破防守的目的，在与队友传球衔接的过程中做到传球精准有力，篮下投篮时能够熟练运用投篮技术且命中率高
良好	80 ～ 89	学生在篮球比赛前，穿适合运动的服装，在队友的带领下完成准备活动与放松活动；在比赛过程中，学生努力拼抢、敢于挑战自我，配合队友并能沟通协作，正确面对输赢，认输但不服输。在比赛中能够展现出熟练的直线运球技术，遇到防守球员能够运用体前变向技术动作，在与队友传球衔接的过程中做到传球成功率较高，在篮下投篮时能够果断运用投篮技术

（续表）

等级	分值	标准
合格	60～79	学生在篮球比赛前，穿适合运动的服装，在队友的带领下基本完成准备活动与放松活动；在比赛过程中，学生尊重裁判、对手、队友，不能出现侮辱及伤害性语言，表现出愿意与同伴合作意愿。在比赛中能够展现出熟练的直线运球技术，在与队友衔接的过程中做到通过传球来实现，在篮下投篮时能够运用出篮球技术，完成比赛
继续努力	60以下	不能完成比赛

水平三

 测试项目 1：综合运球

1. 测试场地及器材

标准篮球场地、5 号篮球、秒表、标志桶。

2. 测试要求

测试起点为球场底线，按照要求进行综合运球测试，进行全场两次体前变向运球到达底线，折返后进行两次转身运球，测试距离为 28 米。受测学生出发时抢跑、未按图示要求完成全程路线、测试过程中人或球离开测试区域，未按规定运球，出现以上情况均不计受测学生当次成绩。

3. 测试方法

受测学生在篮球场底线持球准备，裁判员发令后受测学生快速运球推进，在第一个标志桶前做体前变向运球，运球至第二个标志桶前继续做体前变向运球，然后快速运球至底线单脚踩线后折返，折返至第三个标志桶前做转身运球过障碍，运球至第四个标志桶前同样做转身运球过障碍后快速运球至终点。裁判员发令同时开表计时，受测学生与球均过终点测试结束裁判员停表。每人测 2 次，取最好成绩。相关要求如图 1-13 所示。

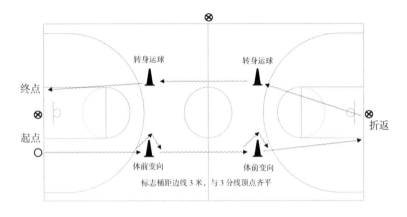

图 1-13　综合运球测试

4. 测试细则

（1）以个人为单位进行测试，每人测 2 次，取最好成绩；

（2）以秒为单位记录测试成绩，精确到小数点后 1 位（0.1 秒）；

（3）采用人工测试。两名裁判员，一名裁判员计时，记录成绩；另外一名裁判员发令，检查是否违例、违规。

测试项目 2：传接球上篮

1. 测试场地及器材

标准篮球场地、5 号篮球、秒表。

2. 测试要求

测试起点为球场底线，按照要求进行，全场边线 4 次撞墙传接球，接三步上篮完成测试。若球未投进篮框，则继续投篮，直至投篮进框球落地后停止计时。出发时抢跑、未按图示要求完成全程路线、测试过程中人或球离开测试区域、未做出考核要求的相关规范动作或组合连接动作，出现以上情况均不计受测学生当次成绩。

3. 测试方法

受测学生在球场底线持球准备，裁判员发令同时开表计时，受测学生传球给①号并出发，随即接①号传球后快速推进传球给②号，并快速跑动跟进接②号回传球接行进间三步上篮，球进框后抢篮板球快速传球给③号再次出发，随即接③号传球后快速推进传球给④号，并快速跑动跟进接④号回传球接行进间三步上篮，球进框后落地时停表，记录测试时间，测试结束。相关要求如图 1-14 所示。

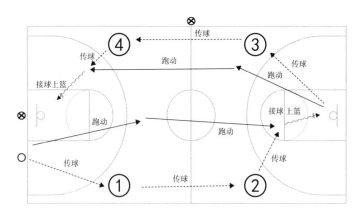

图 1-14　传接球上篮测试

4. 测试细则

（1）以个人为单位进行测试，每人测 2 次，取最好成绩；

（2）以秒为单位记录测试成绩，精确到小数点后 1 位（0.1 秒）；

（3）采用人工测试。两名裁判员，一名裁判员计时，记录成绩；另外一名裁判员发令，检查是否违例、违规。

测试项目 3：30 秒自选区域投篮

1. 测试场地及器材

标准篮球场地、5 号篮球、秒表。

2. 测试要求

在篮球场上进行，学生面向篮框，自选区域投篮。篮框高度为 3.05 米，测试时间为 30 秒。测试学生接到开始口令后进行投篮，投篮过程中不允许出现走步情况，若出现走步，则受测学生本次成绩无效。

3. 测试方法

受测学生面向篮框站立，听到裁判员口令后开始投篮，投篮出手后自己抢篮板球继续投篮，投篮惯用手和投篮点不受限制，但不能走步违例。裁判员发出口令并开始计时，30 秒结束后停表，记录成绩。相关要求如图 1-15 所示。

图 1-15　30 秒自选区域投篮测试

4. 测试细则

（1）以个人为单位进行测试，每人测 2 次，取最好成绩；

（2）以个人为单位记录测试成绩；

（3）采用人工测试。两名裁判员，一名裁判员计时，记录成绩；另外一名裁判员发令，检查是否违例、违规。

测试项目4：综合运球接上篮

1. 测试场地及器材

标准篮球场地、5 号篮球、秒表。

2. 测试要求

在标准篮球场上进行，测试距离为 28 米。受测学生出发时抢跑、未按图示要求完成全程路线、测试过程中人或球离开测试区域、未做出考核要求的相关规范动作或组合连接动作，出现以上情况，受测学生本次成绩无效。

3. 测试方法

受测学生在球场底线持球准备，听裁判员发令后，受测学生迅速用右手快速运球推进，在第一个标志桶前做体前变向运球后换左手运球，运球至第二个标志桶前做左手进行后转身换成右手运球，运球至第三个标志桶前做右手背后变向运球换成左手运球，运球至第四个标志桶前做左手胯下变向运球换成右手运球，立即进行三步上篮，如果上篮不中需要补中；然后抢到篮板球后，用右手快速运球推行至前场接行进间右手上篮，如果上篮不中需要补中；球入篮框后落地时停表，记录所用时间。相关要求如图1-16所示。

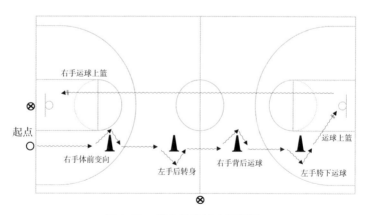

图1-16　综合运球接上篮测试

4. 测试细则

（1）以个人为单位进行测试，每人测 2 次，取最好成绩；

（2）以个人为单位记录测试成绩；

（3）采用人工测试。两名裁判员，一名裁判员计时，记录成绩；另外一名裁判员发令，检查是否违例、违规。

测试项目 5：15 米 × 13 折返跑

1. 测试场地及器材

标准篮球场地、秒表。

2. 测试要求

受测学生着运动服装、运动鞋，采用电子器材测试。测试起点为球场边线，踩另一端边线后折返，进行 13 次冲过边线后测试结束。单次测试距离为 15 米。测试过程中受测学生急停时必须有一只脚踩到线才能折返，否则判作违例。如出现违例，在总时间中加入 2 秒，并随违例次数累计时间；起跑时脚不能踩线，否则判违例；折返时必须有一只脚踩到边线，不踩线判违例；出现以上情况该受测学生本次成绩无效。

3. 测试方法

受测学生站在球场边线外，裁判员发出口令并开始计时，学生听到出发口令后出发，跑至球场对面边线后急停折返，然后在球场两边线之间折返 13 次，最后一次学生过线后裁判员停表。相关要求如图 1-17 所示。

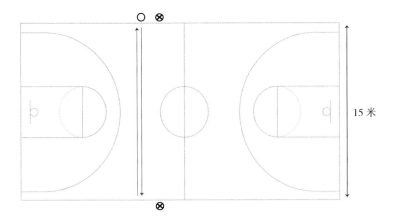

图 1-17　15 米 ×13 折返跑测试

4. 测试细则

（1）以个人为单位进行测试，每人测 2 次，取最好成绩；

（2）以秒为单位记录测试成绩，精确到小数点后 1 位（0.1 秒）；

（3）采用人工测试。两名裁判员，一名裁判员计时，记录成绩；另外一名裁判员发令，检查是否违例、违规。

篮球水平三的基本技术测试项目标准成绩对照见表 1–6 所列。

表 1-6 篮球水平三 基本技术测试项目标准成绩对照表

分值	综合运球		传接球上篮		30 秒自选区域投篮		综合运球接上篮		15 米 ×13 折返跑	
	男	女	男	女	男	女	男	女	男	女
100	21″80	24″00	29″40	31″00	5	4	18″50	20″80	42.18	45.21
95			29″80	31″40			18″70	21″00	43.23	46.26
90	22″20	24″40	30″20	31″80	4	3	18″90	21″20	44.28	47.31
85			30″60	32″20			19″10	21″40	45.33	48.36
80	22″60	24″80	31″00	32″60	4	3	19″30	21″60	46.38	49.41
75			31″40	33″00			19″50	21″80	47.43	50.46
70	23″0	25″20	31″80	33″60	4	3	19″70	22″00	48.48	51.51
65			32″20	34″20			19″90	22″20	49.53	52.56
60	23″40	25″60	33″60	34″80	3		20″10	22″40	50.68	53.61
55			33″20	35″40		2	20″30	22″60	51.63	54.66
50	23″80	26″00	33″80	36″00	3		20″50	22″80	52.68	55.71

（续表）

分值	综合运球		传接球上篮		30秒自选区域投篮		综合运球接上篮		15米×13折返跑	
	男	女	男	女	男	女	男	女	男	女
45			34″40	36″60			20″70	23″00	53.73	56.76
40	24″20	26″40	35″00	37″20	2	2	20″90	23″20	54.78	57.81
35			35″60	38″00		1	21″10	23″40	55.83	58.86
30	24″60	26″80	36″20	38″80	1		21″30	23″60	56.88	59.91
25			36″80	39″60			21″50	23″80	57.93	1.06
20	25″00	27″20	37″40	40″40	1	1	21″70	24″00	58.98	1′ 1
15			38″00	50″00			21″90	24″20	1′ 03	1′ 16
10	25″40	27″60	38″80	51″40	1	1	22″10	24″40	1′ 08	1′ 2
5			39″60	52″40			22″30	24″60	1′ 12	1′ 26

数据来源：成华区小学采样数据均值。

测试项目 6：5 vs 5 篮球比赛

1. 测试场地及器材

标准篮球场地、5号篮球、秒表、口哨、分队背心。

2. 测试要求

受测学生在标准篮球场进行 5 vs 5 篮球比赛。

3. 测试方法

每队受测学生 5 人，按受测学生实力特点合理分配，男女混合参赛。比赛分两节，每节 5 分钟，中场休息 2 分钟。比赛结束两队积分相同时，则进行罚篮决胜。相关要求如图 1-18 所示。

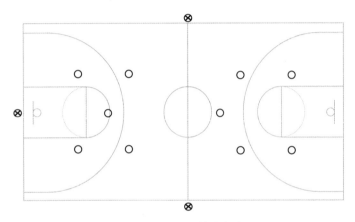

图 1-18 5 vs 5 篮球比赛

4. 测评细则

（1）以团队为单位进行比赛，以个人为单位进行测评；

（2）采用人工测评。三名裁判员，一名裁判员进行执裁，另外两名裁判员分别对两队队员进行定性测评。

5. 评价标准

5 vs 5 篮球比赛评价标准见表1-7所列。

表1-7 5 vs 5 篮球比赛评价标准表

等级	分值	标准
优秀	90～100	学生在篮球比赛前，着适合运动的服装，自觉在比赛前后做好准备活动和放松运动。在比赛过程中，尊重裁判、对手、队友、观众，不能出现侮辱及伤害性语言，不指责，相互鼓励。具备顽强拼搏的精神、团队合作意识。在技战术层面，熟练掌握变向变速运球技术、合理的传接球技术及投篮技术，并表现出简单的技战术配合，利用这些技术合理地解决场上各种问题
良好	80～89	学生在篮球比赛过程中，着适合运动的服装；尊重裁判、对手、队友、观众，不能出现侮辱及伤害性语言，具备团队合作意识；掌握变向变速运球技术、准确的传接球技术及投篮技术，并表现出简单的个人技术，利用这些技术解决场上各种问题
合格	60～79	学生在篮球比赛过程中，着适合运动的服装；尊重裁判，不能出现侮辱及伤害性语言；具备顽强拼搏的精神；运用变向变速运球技术、传接球技术及投篮技术，利用这些技术解决场上各种问题
继续努力	60分以下	不能完成比赛

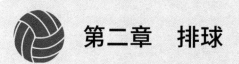

第二章　排球

成华区小学排球教学目标见表2-1所列。

表2-1　成华区小学排球教学目标

总目标		通过课程学习"教会"学生基本的排球技能，让学生在排球运动中享受运动乐趣，能学会排球技能，掌握排球项目体能练习方法，提高学生的快速反应能力、预判能力和决策能力；知道排球比赛的基本规则和要求，遵守排球运动的道德规范和行为标准，发扬体育精神；在开放和对抗情境中合理运用攻防技战术，具备观看排球比赛的能力；坚持"勤练、常赛"，积极参与排球运动，树立健康观念，养成终身体育锻炼的习惯，强健体魄；学会调控情绪，形成顽强拼搏、坚持不懈的意志品质，培养团队合作、创新意识等未来社会需要的必备品格与关键能力
分目标	运动能力	学生能熟练掌握排球运动的基本姿势和移动、传球、垫球、发球、扣球等技术动作；在比赛或游戏活动中做出移动＋垫球、移动＋传球和助跑＋扣球等组合技术动作和"中一二、边一二"等战术，且在排球游戏或比赛的体验中应用、迁移学习，善于反思并发现自己的不足，具备排球运动及比赛相关的基本运动能力；全方面发展速度、力量、耐力、敏捷、协调等能力
	健康行为	了解排球运动的发展，热爱排球运动，积极参加课内外排球活动，享受赢得比赛的体验，养成自我锻炼的习惯。学生学会科学、安全的排球运动方法，并懂得排球比赛规则，提高比赛欣赏水平，基本掌握运动中自我保护和相互保护的方法，学会处理常见的运动损伤，养成终身体育锻炼的习惯

（续表）

分目标	体育品德	在排球运动中能正确认识和对待身体条件和运动能力的差异，培养合作意识与能力，具备良好的体育道德。在练习和比赛中，学会调控情绪，能表现出克服困难的意志品质，对自己充满信心，不放弃，并能在团队活动中完成自己的任务；努力实践，尊重对手，能够在排球运动规则引导下表现出良好的体育道德和团结合作精神，正确处理竞争与合作的关系，提高自身的社会适应能力和组织能力，培养具有自我规范、公平竞争、积极进取的必备品格和关键能力

数据来源：成华区小学体育与健康课程设计方案。

水　平　一

 测试项目 1：双手垂直抛接球（气排球）

1. 测试场地及器材

标准排球场地、5 号气排球、秒表。

2. 测试要求

区域外抛接球、中途球掉地和抛球高度没有超过头顶，出现以上情况均不计个数。

3. 测试方法

受测学生在测试区域（2 米 × 2 米）内持球准备，听到发令后开始测试，30 秒内连续完成双手向上抛接球动作，裁判员在听到发令后开始计时。相关要求如图 2-1 所示。

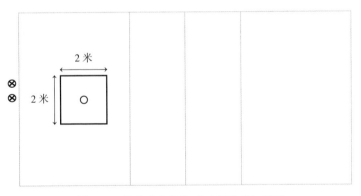

图 2-1　双手垂直抛接球（气排球）测试

4. 测试细则

（1）以个人为单位进行测试，每人测 2 次，取最好成绩；

（2）采用人工测试。两名裁判员，一名裁判员计时，记录成绩；另一名裁判员发令，检查是否违例、违规。

测试项目2：自抛自垫球（气排球）

1. 测试场地及器材

标准排球场地、5号气排球、秒表。

2. 测试要求

区域外抛接球、未采用抛垫技术动作和抛垫球高度没有超过头顶，出现以上情况均不计个数（注：抛一次垫一次为一个有效球）。

3. 测试方法

受测学生在测试区域（2米×2米）内持球准备，听到发令信号后开始测试，30秒内连续完成双手向上自抛自垫球技术动作，裁判员在听到发令信号后开始计时。相关要求如图 2-2 所示。

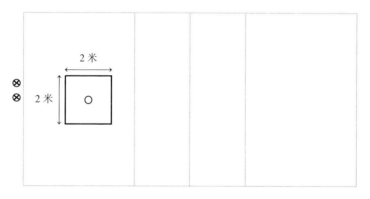

图 2-2　自抛自垫球（气排球）测试

4. 测试细则

（1）以个人为单位进行测试，每人测 2 次，取最好成绩；

（2）采用人工测试。两名裁判员，一名裁判员计时，记录成绩；另一名裁判员发令，检查是否违例、违规。

测试项目 3：连续自垫球（气排球）

1. 测试场地及器材

标准排球场地、5 号气排球、秒表。

2. 测试要求

（1）区域外垫球、未采用自垫球技术动作和垫球高度没有超过头顶，出现以上情况均不计个数；

（2）在垫球过程中，球落地由考生自行捡球并继续进行垫球，此过程秒表不停。

3. 测试方法

受测学生在测试区域（3 米 × 3 米）内持球准备，听到发令后开始测试，30 秒内将球抛过头顶上方后连续完成正面双手自垫球动作，裁判员在听到发令后开始计时。
相关要求如图 2-3 所示。

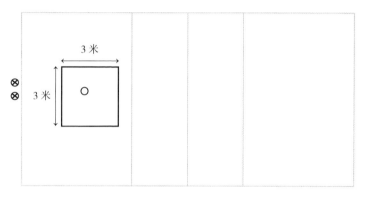

图 2-3　连续自垫球（气排球）测试

4. 测试细则

（1）以个人为单位进行测试，每人测 2 次，取最好
成绩；

（2）采用人工测试。两名裁判员，一名裁判员计时，
记录成绩；另一名裁判员发令，检查是否违例、违规。

测试项目4：抛垫球（气排球）

1. 测试场地及器材

标准排球场地、5号气排球。

2. 测试要求

垫球高度未过受测学生头顶或超出指定区域外垫球，均不计个数。

3. 测试方法

受测学生在进攻线内准备，抛球学生在与其间隔2米的位置抛球，听到发令后开始测试，受测学生用正面垫球的动作有一定抛物线弧度地将球（高过受测学生头顶）垫回到指定区域，共10次抛垫球（注：抛一次、垫一次为一个有效球）。相关要求如图 2-4 所示。

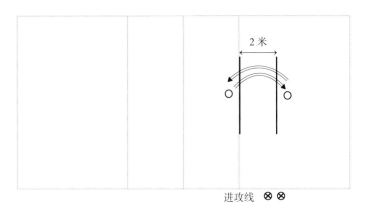

2 米

进攻线

图 2-4 抛垫球（气排球）测试

4. 测试细则

（1）以个人为单位进行测试，每人测 1 次，取最好成绩；

（2）采用人工测试。两名裁判员，一名裁判员记录成绩；另一名裁判员发令，检查是否违例、违规。

测试项目 5：3 米移动摸线

1. 测试场地及器材

标准排球场地、设置间距为 3 米的两条平行线、秒表。

2. 测试要求

抢跑或未交替触摸到地面的线，出现以上情况均不计次数。

3. 测试方法

受测学生在测试区域内单手触摸起点线，听到发令后开始测试，受测学生跑向另一端，用手触摸到地上的线，然后折返摸起点线交替进行，摸到线则计算次数，裁判员

在听到发令后开始计时，时间 1 分钟。相关要求如图 2-5
所示。

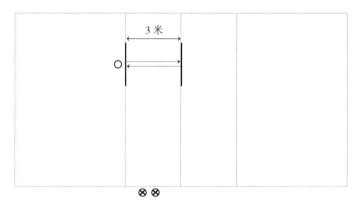

图 2-5 3 米移动摸线测试

4. 测试细则

（1）以个人为单位进行测试，每人测 1 次；

（2）采用人工测试。两名裁判员，一名裁判员计时，
记录成绩；另一名裁判员发令，检查是否违例、违规。

排球（气排球）水平一的基本技术测试项目对照见表 2-2 所列。

表 2-2 排球（气排球）水平一 基本技术测试项目对照表

分值	双手垂直抛接球（次）		自抛自垫球（次）		连续自垫球（次）		抛垫球（次）		3米移动摸线（次）			
									一年级		二年级	
	男	女	男	女	男	女	男	女	男	女	男	女
100	10	10	10	10	9	10	18	20	25	24	27	26
95	9	9	9	9	8	9	16	18	24	23	26	25
90	8	8	8	8	7	8	14	16	23	22	25	24
85	7	7	7	7	6	7	12	14	22	21	24	23
80	6	6	6	6	5	6	10	12	21	20	23	22
75	5	5	5	5	4	5	8	10	20	19	22	21
70	4	4	4	4	3	4	6	8	19	18	21	20
65	3	3	3	3	2	3	4	6	18	17	20	19
60	2	2	2	2	1	2	2	4	17	16	19	18

数据来源：成华区小学采样数据均值。

测试项目 6：5 vs 5 气排球比赛

1. 测试场地及器材

标准排球场地（网高 1.8 米）、5 号气排球。

2. 测试要求

受测学生在标准排球场地内进行 5 vs 5 气排球比赛。

3. 测试方法

每队学生 5 人，按照学生的技战术水平合理分配，男女混合编组，比赛分三局，每局 15 分，三局两胜。相关要求如图 2-6 所示。

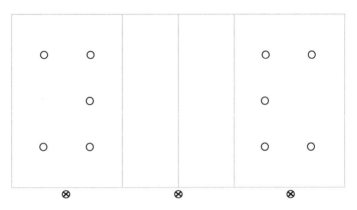

图 2-6　5 vs 5 气排球比赛

4. 测评细则

（1）以团队为单位进行比赛，以个人为单位进行测评；

（2）采用人工测评。三名裁判员，一名裁判员进行执裁，另外两名裁判员分别对两队队员进行定性测评。

5. 评价标准

5 vs 5 气排球比赛评价标准见表2-3所列。

表2-3 5 vs 5 气排球比赛评价标准

等级	分值	标准
优秀	90～100	学生在气排球比赛前，着适合运动的服装，自觉地在比赛前后做好准备活动和放松运动。在比赛过程中，尊重裁判、对手、队友、观众，不能出现侮辱及伤害性语言，不指责、相互鼓励；具备顽强拼搏的精神、团队合作意识。在技战术层面，熟练地掌握抛接球技术、合理的抛垫球技术，并表现出简单的技战术配合，利用这些技术合理地解决场上各种问题
良好	80～89	学生在气排球比赛过程中，着适合运动的服装；尊重裁判、对手、队友、观众；不能出现侮辱及伤害性语言，具备团队合作意识；掌握抛接球技术，合理的抛球技术，并表现出简单的技战术配合，利用这些技术合理地解决场上各种问题
合格	60～79	学生在气排球比赛过程中，着适合运动的服装；尊重裁判，不能出现侮辱及伤害性语言；具备顽强拼搏的精神；运用抛接球技术，合理的抛球技术，并表现出简单的技战术配合，利用这些技术合理地解决场上各种问题

水 平 二

 测试项目 1：排球自垫球

1. 测试场地及器材

标准排球场地、5 号排球、秒表。

2. 测试要求

（1）区域外接球、未采用自垫技术动作和垫球高度
没有超过头顶，出现以上情况均不计个数；

（2）在垫球过程中，球落地由考生自行捡球并继续进行垫球，此过程秒表不停。

3. 测试方法

受测学生在测试区域（3 米 × 3 米）内持球准备，听到发令后开始测试，30 秒内将球抛过头顶上方后连续完成自垫球动作，裁判员在听到发令后开始计时。相关要求如图 2-7 所示。

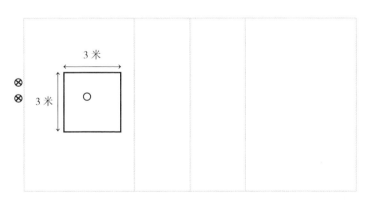

图 2-7　排球自垫球测试

4. 测试细则

（1）以个人为单位进行测试，每人测 2 次，取最好成绩；

（2）采用人工测试。两名裁判员，一名裁判员计时，记录成绩；另一名裁判员发令，检查是否违例、违规。

测试项目 2：两人隔网抛垫球

1. 测试场地及器材

标准排球场地（网高 1.8 米）、5 号排球、秒表。

2. 测试要求

（1）垫回的球未过网、垫球出界和未采用垫球技术动作，出现以上情况均不计个数；

（2）在抛垫球过程中，球落地由离球较近的考生自行捡球并继续进行抛垫球。

3. 测试方法

两名受测学生隔网在进攻线后持球准备，听到发令后开始测试，一名受测学生将球抛给另一名受测学生，后者用正面垫球的动作将球垫回，各抛、垫 10 次，裁判员在听到发令后开始计数。相关要求如图 2-8 所示。

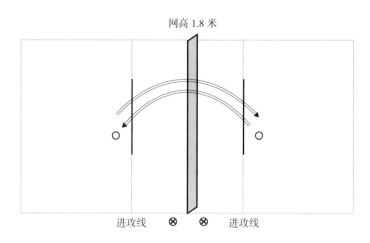

图 2-8　两人隔网抛垫球测试

4. 测试细则

（1）以两人为单位进行测试，每人测 2 次，取最好

成绩；

（2）采用人工测试。两名裁判员，一名裁判员计时，记录成绩；另一名裁判员发令，检查是否违例、违规。

`

测试项目 3：对墙自垫球

1. 测试场地及器材

一块平整的墙面及地面（宽 3 米）、5 号排球、秒表。

2. 测试要求

（1）未超过墙面的标志线的垫球不计个数；

（2）踏及地面标志线以内的垫球不计个数；

（3）采用抛球、单手垫球或其他等违例动作的击球不计个数；

（4）在垫球过程中，球落地由考生自行捡球并继续进行垫球，此过程不停表；

（5）将球垫在墙上设置的 1.3 米高的标志线上方可计数。

3. 测试方法

受测学生站在距墙 1.2 米的标志线后，听到发令后开始测试，将球抛起，30 秒内连续对墙垫球，裁判员在听到发令后开始计时。相关要求如图 2-9 所示。

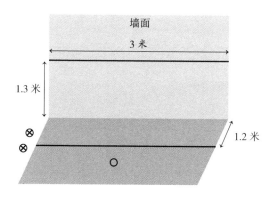

图 2-9　对墙自垫球测试

4. 测试细则

（1）以个人为单位进行测试，每人测 2 次，取最好

成绩；

（2）采用人工测试。两名裁判员，一名裁判员计时，记录成绩；另一名裁判员发令，检查是否违例、违规。

测试项目 4：侧面下手发球

1. 测试场地及器材

标准排球场地（网高 1.8 米）、5 号排球。

2. 测试要求

踩线发球、发球不过网和抛、扔过网，出现以上情况均不计个数。

3. 测试方法

受测学生在发球区域内（6 米线后）持球准备，听到发令后开始测试，采用侧面下手发球动作完成测试项目，共 10 次发球。相关要求如图 2-10 所示。

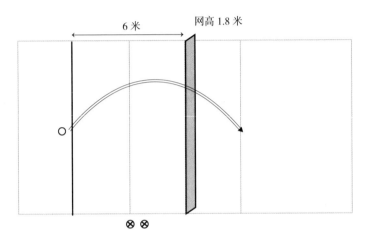

图 2-10　侧面下手发球测试

4. 测试细则

（1）以个人为单位进行测试，每人测 1 次，取当次成绩；

（2）采用人工测试。两名裁判员，一名裁判员记录成绩；另一名裁判员发令，检查是否违例、违规。

测试项目 5：Z 字形变向跑动

1. 测试场地及器材

标准排球场地、间隔 3 米设置标志物并摆放成 Z 字形、秒表。

2. 测试要求

（1）变向未触摸到端点处的标志物不计入成绩；

（2）在跑动过程中未按指定路线进行不计入成绩；

（3）抢跑不计入成绩。

3. 测试方法

受测学生站在测试区域起点处，单手触摸标志物，听到裁判发令时起跑，Z 字形跑动，依次触摸标志物，摸到最后一个完成测试。裁判员在听到发令后开始计时。相关要求如图 2-11 所示。

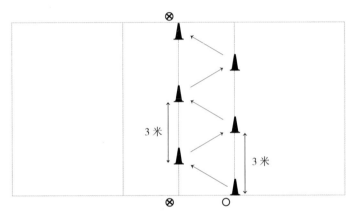

图 2-11　Z 字形变向跑动测试

4. 测试细则

（1）以个人为单位进行测试，每人测 2 次，取最好成绩；

（2）采用人工测试。两名裁判员，一名裁判员计时，记录成绩；另一名裁判员发令，检查是否违例、违规。

排球水平二的基本技术测试项目对照见表 2-4 所列。

表 2-4 排球水平二 基本技术测试项目对照表

分值	排球自垫球（次）		两人隔网抛垫球（次）		对墙自垫球（次）		侧面下手发球（次）		Z 字形变向跑动（秒）			
									三年级		四年级	
	男	女	男	女	男	女	男	女	男	女	男	女
100	31	33	9	10	25	27	10	9	6.5	6.7	6	6.2
95	29	31	8	9	23	25	9	8	6.6	6.8	6.1	6.3
90	27	29	7	8	21	23	8	7	6.7	6.9	6.2	6.4
85	25	27	6	7	19	21	7	6	6.8	7	6.3	6.5
80	23	25	5	6	17	19	6	5	6.9	7.1	6.4	6.6
75	21	23	4	5	15	17	5	4	7	7.2	6.5	6.7
70	19	21	3	4	13	15	4	3	7.1	7.3	6.6	6.8
65	17	19	2	3	11	13	3	2	7.2	7.4	6.7	6.9
60	15	17	1	2	9	11	2	1	7.3	7.5	6.8	7

数据来源：成华区小学采样数据均值。

测试项目 6：5 vs 5 排球比赛

1. 测试场地及器材

标准排球场地（网高 1.8 米）、5 号排球。

2. 测试要求

受测学生在气排球场地内进行 5 vs 5 排球比赛。

3. 测试方法

每队学生 5 人，按照学生技战术水平合理分配，男女混合编组，比赛分三局，每局 15 分，三局两胜。相关要求如图 2-12 所示。

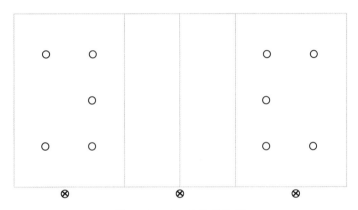

图 2-12　5 vs 5 排球比赛

4. 测评细则

（1）以团队为单位进行比赛，以个人为单位进行测评；

（2）采用人工测评。三名裁判员，一名裁判员进行执裁，另外两名裁判员分别对两队队员进行定性测评。

5. 评价标准

5 vs 5 排球比赛评价标准见表 2-5 所列。

表 2-5　5 vs 5 排球比赛评价标准

等级	分值	标准
优秀	90～100	在比赛中，着适合运动的服装，熟悉比赛规则，尊重裁判、尊重对手，展现出团结拼搏的精神；熟练掌握垫球技术，能根据来球方向调整位置，双手掌跟紧靠，手臂夹紧，手腕下压，下肢蹬地，提肩顶肘，使两前臂的垫击面对准来球，动作娴熟准确地完成团队配合将球击过网
良好	80～89	在比赛中，着适合运动的服装，熟悉比赛规则，尊重裁判、尊重对手，具备顽强拼搏的精神；熟悉垫球动作，能根据来球方向调整位置，双手掌跟紧靠，手臂夹紧，手腕下压，下肢蹬地，提肩顶肘，使两前臂的垫击面对准来球，顺利将球垫过网
合格	60～79	在比赛中，着适合运动的服装，熟悉比赛规则，尊重裁判、尊重对手，展现出团结拼搏的精神；基本掌握垫球动作，能将球送过网或能完成垫球动作但未将球击过网
继续努力	60以下	未完成比赛

水 平 三

 测试项目 1：侧面下手发球

1. 测试场地及器材

标准排球场地（网高 2 米）、5 号排球。

2. 测试要求

踩线发球、发球不过网和抛、扔过网，出现以上情况均不计入成绩。

3. 测试方法

受测学生在发球区域内（8米线后）持球准备，听到发令后开始测试，采用侧面下手发球动作完成测试项目，共 10 次发球。相关要求如图 2-13 所示。

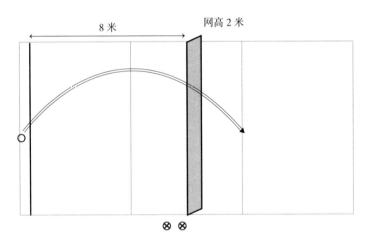

图 2-13　侧面下手发球测试

4. 测试细则

（1）以个人为单位进行测试，每人测 1 次；

（2）采用人工测试。两名裁判员，一名裁判员记录成绩；另一名裁判员发令，检查是否违例、违规。

测试项目 2：对墙自垫球

1. 测试场地及器材

一块平整的墙面及地面（宽 3 米）、5 号排球、秒表。

2. 测试要求

（1）未超过墙面的标志线的垫球不计个数；

（2）踏及地面标志线以内的垫球不计个数；

（3）采用抛球、单手垫球或其他等违例动作的击球不计个数；

（4）在垫球过程中，球落地由考生自行捡球并继续进行垫球，此过程秒表不停；

（5）将球垫在墙上设置的 1.4 米高的标志线上方可计个数。

3. 测试方法

受测学生站在距墙 1.5 米的标志线后，听到发令后开始测试，将球抛起，60 秒内连续对墙垫球，裁判员在听到发令后开始计时。相关要求如图 2-14 所示。

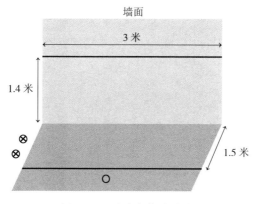

图 2-14　对墙自垫球测试

4. 测试细则

（1）以个人为单位进行测试，每人测 2 次，取最好

成绩；

（2）采用人工测试。两名裁判员，一名裁判员计时，记录成绩；另一名裁判员发令，检查是否违例、违规。

测试项目 3：双人对垫球

1. 测试场地及器材

标准排球场地（设置两条平行标志线，相距 2 米）、5 号排球、秒表。

2. 测试要求

（1）踏及地面标志线以内的垫球不计个数；

（2）采用抛球、单手垫球或其他等违例动作的击球不计个数；

（3）在垫球过程中，球落地则测试结束，以个人触球个数计个数。

3. 测试方法

两名受试学生在指定区域内（不超过地面的标志线，间隔 2 米以上）面对面持球准备，听到发令后开始垫球，裁判员在听到发令后开始计时，垫球时间为 1 分钟。相关要求如图 2-15 所示。

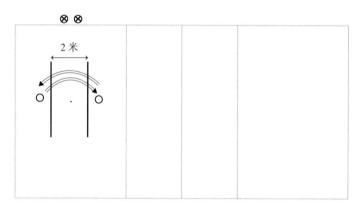

图 2-15　双人对垫球测试

4. 测试细则

（1）以两人为单位进行测试，每人测试 2 次，取最好成绩；

（2）采用人工测试。两名裁判员，一名裁判员记录成绩；另一名裁判员发令，检查是否违例、违规。

测试项目 4：正面上手传球

1. 测试场地及器材

标准排球场地（设置 4 米 ×4 米的区域）、5 号排球。

2. 测试要求

（1）传球低于头部不计个数；

（2）传球超出地面设置范围内不计个数；

（3）传球过程中有持球、抛球现象不计个数。

3. 测试方法

受测学生在测试区域（4 米 ×4 米）内持球准备，听到发令后开始测试，利用正面上手传的动作，将球连续传起，球落地则测试结束。相关要求如图 2-16 所示。

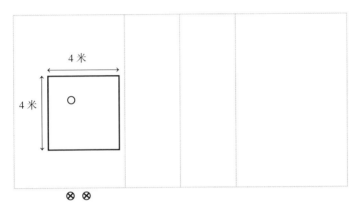

图 2-16　正面上手传球测试

4. 测试细则

（1）以个人为单位进行测试，每人测 2 次，取最好成绩。

（2）采用人工测试。两名裁判员，一名裁判员记录成绩；另一名裁判员发令，检查是否违例、违规。

测试项目5：半"米"字移动

1. 测试场地及器材

标准排球场地（设置6米×9米的区域）、6个标志桶、秒表。

2. 测试要求

（1）出发时不能抢跑；

（2）按路线要求完成；

（3）未推倒标志桶需返回重推。

3. 测试方法

受测学生从端线中点起动，计时开始。先向1号标志桶移动，推倒 1 号标志桶后，应立即返回起点并推倒起点处标志桶，再向 2 号标志桶移动，以此类推，直到推倒 5 号标志桶回到端线中点（注：起点处的标志桶每次都要推倒，否则不计成绩），计时停止，结束测试。相关要求如图 2-17 所示。

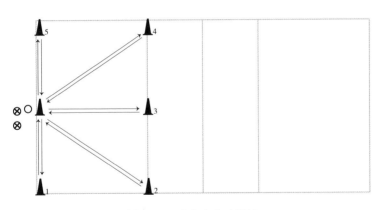

图 2-17 半米字移动测试

4. 测试细则

（1）以个人为单位进行测试，每人测 1 次。

（2）采用人工测试。两名裁判员，一名裁判员计时，记录成绩；另一名裁判员检查是否违例、违规。

排球水平三的基本技术测试项目对照见表 2-6 所列。

表2-6 排球水平三 基本技术测试项目对照表

分值	侧面下手发球（次）		对墙垫球（次）		双人对垫球（次）		正面双手传球（次）		半米字移动（秒）			
									五年级		六年级	
	男	女	男	女	男	女	男	女	男	女	男	女
100	10	9	50	54	10	9	10	9	20.5	21.5	19.5	20.5
95	9	8	46	50	9	8	9	8	21.5	22.5	20	21
90	8	7	42	46	8	7	8	7	22.5	23	20.5	21.5
85	7	6	38	42	7	6	7	6	23	24	21.5	22.5
80	6	5	34	38	6	5	6	5	24	25	22.5	23
75	5	4	30	34	5	4	5	4	25	26	23	24
70	4	3	26	30	4	3	4	3	26	27	24	25
65	3	2	22	26	3	2	3	2	27	28	25	26
60	2	1	18	22	2	1	2	1	28	29	26	27

数据来源：成华区小学采样数据均值。

测试项目 6：6 vs 6 排球比赛

1. 测试场地及器材

标准排球场地（设置 16 米 × 8 米的区域，网高 2 米）、5 号排球。

2. 测试要求

受测学生在排球场地内进行 6 vs 6 排球比赛。

3. 测试方法

每队受测学生 6 人，按照学生的技战术水平合理分配，男女混合编组，比赛分三局，每局 15 分，三局两胜。相关要求如图 2-18 所示。

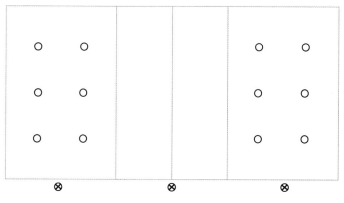

图 2-18　6 vs 6 排球比赛

4. 测评细则

（1）以团队为单位进行比赛，以个人为单位进行测评。

（2）采用人工测试。三名裁判员，一名裁判员进行执裁，另外两名裁判员分别对两队队员进行定性测评。

5. 评价标准

6 vs 6 排球比赛评价标准见表2-7所列。

表2-7　6 vs 6 排球比赛评价标准

等级	分值	标准
优秀	90～100	学生在比赛前，着适合运动的服装，自觉地在比赛前后做好准备活动和放松运动。在比赛过程中，尊重裁判、对手、队友、观众，不能出现侮辱及伤害性语言，不指责并相互鼓励。具备顽强拼搏的精神、团队合作意识；在技战术层面，熟练地应用发球技术、垫球技术、对垫球技术，并表现出简单的技战术配合，利用这些技术合理地解决场上的各种问题
良好	80～89	学生在比赛前，着适合运动的服装；尊重裁判、对手、队友、观众，不能出现侮辱及伤害性语言，具备团队合作意识；掌握垫球技术、对垫球技术，并表现出简单的个人技术，利用这些技术解决场上的各种问题
合格	60～79	学生在排球比赛前，着适合运动的服装；尊重裁判，不能出现侮辱及伤害性语言，具备顽强拼搏的精神；运用垫球技术解决场上的各种问题
继续努力	60以下	未完成比赛

第三章　教学评价与建议

评 价 建 议

　　专项运动能力水平的评价是以《义务教育体育与健康课程标准（2022 年版）》（简称《标准》）中的三个水平的学习内容和学业质量合格标准为依据，紧密结合专项运动项目特征以及青少年身心发展特征，根据教学的实际情况，由各校组织实施对必修必学的基本运动技能所形成的运动能力和对选修选学的专项运动技能所形成的专项运动能力的测评。依据测试结果对反映的核心素养水平及学生的专项运动技能学习情况进行判断和评估的活动，是不断提高运动技能教学的重要环节和途径。

1. 确定评价目标

以本书为参照标准，对学生的专项运动能力提出清晰的学习评价目标，通过观察、判断、反馈，正确引导和激励学生，把握学生学习的效果，判断教学目标的达成度，促使教师的教和学生的学落到实处。

2. 选择评价内容

评价内容选择围绕本书中明确提出的运动能力、健康行为和体育品德三个方面的核心素养内容，结合具体的教学内容，评估学生的专项运动能力。

（1）评价内容设置

遵照小学阶段的特点，考核内容按照水平段进行，每个水平段以技能、体能、综合能力三个维度进行考核。水平二、水平三阶段的考核则考虑学段学生的技术、心理素质等方面，突出以对抗下的技战术综合运用为总体思路进行设置。

有些学校的生源参差不齐，专项运动技能基础存在较大差异。这些学校在设计和开展教学活动时，可参考本书中水平一的考核内容，利用合适的教学时间，对学生进行"补课式"教学，缩小学生之间的差距，奠定一定的技术基础，并可适当降低该水平段的学习目标要求和内容难度，帮助学生较快掌握运动技能。

（2）评价分值

本书从技战术、体能、比赛三个方面进行考核。单项指标为100分，综合得分为各单项指标得分之和的平均值，达到标准的得分为60分。

（3）实施建议

可根据本书所涉及的考核内容定期进行测评，以便了解和掌握就必修选学的专项运动技能所形成的专项运动能力的情况，对达到标准的学生给予认定，并进行公布。

各校在本书标准的实施过程中，要根据实际情况，因材施教，逐步推进，把"达标升级"转化为学生学练的自觉行动。

3. 以评价为导向反映教学方法和要求

专项运动项目的技战术较多，教师可以此为导向，依据教学实际情况，灵活运用多种教学方法，鼓励教学方法的创新，提高教学质量，全面实现教学目标。

教师在专项运动项目教学过程中应遵循由简到繁、由易到难的教学原则，充分考虑青少年的身心特征，以及认知能力的发展规律，突出教学重点，注重教学细节的把握，突出技术的规范性和对抗性，发展特长技术，培养学生主动锻炼的意识，提高学生的核心素养。

学 业 要 求

（1）掌握所学专项运动项目的基本动作技术、组合动作技术和战术配合，运用所学的各种单个技术、组合动作及简单战术参与班内、校内或校际的比赛，能够在竞赛性游戏或简化规则的比赛中尝试运用，并承担各级比赛的裁判工作，展示充沛的体能；能描述每学期所学专项运动项目的相关原理和文化，并且观看不少于12次项目比赛，可对不同场次的高水平比赛作出分析与评价。

（2）愉悦地参与所学专项运动项目的技能学练和游

戏，在学练和比赛中保持良好、稳定的情绪，与同伴默契配合，且能说出参与专项运动项目活动前后的感受，并在运动中做好安全相关的自我检查，懂得保持安全距离，如发生伤害事故能及时简单处理，能运用所学专项运动项目知识与技能制订并实施锻炼计划。

（3）按照所学专项运动项目的规则和要求开展相关项目的比赛，在学练和比赛中自尊自信，遵守规则，尊重裁判员及对手，在挑战自身身体极限且保证安全的情况下能坚持完成比赛任务，正确看待比赛胜负，表现出勇敢顽强、敢于拼搏的意志品质。

（4）在教师指导下完成水平一、水平二、水平三的不同项目测试（技能、体能、竞赛），根据自身情况，力争取得优异成绩。

教　学　建　议

校园专项运动项目教学建议，应当以《义务教育体育与健康标准（2022年版）》（简称《标准》）为基本依据，紧密结合运动项目特征及青少年身心发展规律，选择有效教学内容，并采用多样化教学方法，合理运用本书进行创造性融合教学，有效提高课堂教学质量，加强学生核心素养的培育。

1. 教学内容设置

（1）编制专项运动项目课程实施计划，有效培养学

生的核心素养

教师在教学过程中应明确课程育人要求，遵循由简到繁的规律，制定系统性呈螺旋式上升的教学内容结构。还应充分尊重青少年的身心特征及认知发展规律，贯穿"教会—勤练—常赛"思路，培养学生相关意识及发展学生运动能力。

（2）针对各水平段学习目标，合理选编篮球教学内容

根据学习目标，从有利于促进学生核心素养形成和发展的角度，认真分析、选择和设计教学内容，避免静态地进行单个动作技术、知识点的碎片化教学。采用结构化教学形式，加强学生对所学内容的完整体验与深层次理解，提高学生在真实情境或比赛活动中运用知识与技能分析问题、解决问题的能力。

2. 改进课堂教学方式，引导学生主动学练

专项运动课程教学实现从"以教为主"向"以学为主"的转变，创设真实运动情境，引导学生积极主动思考，促使学生形成积极的学习动机、学习态度和学习行为。

（1）创设真实教学情境，解决学生的实际问题

针对水平一的学生，教学中以游戏为主，激发学生兴趣，让学生在游戏中学练，轻松掌握相关运动技能。水平二、水平三的学生以创设比赛情境为主，降低或调整比赛规则和要求，结合课课比赛，增加学生比赛机会，解决学生在实际中遇到的问题。

（2）重视体能多样练习，发展学生综合能力

学生掌握专项运动技能还需依靠有效、多样的体能练习作为支撑。在体能练习过程中依照趣味性、补偿性和整合性原则，实施多样体能练习任务，发展学生综合能力。

3. 保证一定的运动负荷，提高学生课堂学习效果

在排球运动的体能教学中，可以适当逐步提高体能练习的强度和密度，逐步融入专项体能练习。练习方法要适当，练习形式要多样，尊重个体差异，提高学生的课堂学习效果。

4. 课堂教学与校外训练有机结合

加强课堂教学与课外体育活动的有机结合，实现学校、家庭和社区体育的多元联动。教师在提高课堂教学质量的基础上，引导学生养成良好的体育锻炼习惯，如积极组织、指导学生参与校内外多种形式的比赛活动；布置学生独立或合作及亲子共学模式的体育课外锻炼作业。让学生有规律地参与相关锻炼，丰富课余文化生活，缓解学习压力，逐渐培养学生的体育锻炼习惯，聚焦核心素养，实现体育教学协同育人功能。